ÂNGELO CALDAS

EM CONVERSA COM DEUS

2ª edição

Conheça nossos clubes

Conheça nosso site

@editoraquadrante
@editoraquadrante
@quadranteeditora
Quadrante

QUADRANTE

São Paulo
2024

Copyright © 1989 Ediciones Palabra, S.A., Madrid

Capa
Gabriela Haeitmann

Dados Internacionais de Catalogação na Publicação (CIP)

Caldas, Ângelo
   Em conversa com Deus / Ângelo Caldas — 2ª ed. — São Paulo: Quadrante, 2024.

   ISBN: 978-85-7465-701-1

   1. Contemplação 2. Espiritualidade 3. Meditação 4. Oração
I. Título

CDD-248.32

Índice para catálogo sistemático:
   1. Oração : Espiritualidade : Cristianismo 248.32

Todos os direitos reservados a
QUADRANTE EDITORA
Rua Bernardo da Veiga, 47 - Tel.: 3873-2270
CEP 01252-020 - São Paulo - SP
www.quadrante.com.br / atendimento@quadrante.com.br

SUMÁRIO

Oração para ser sempre jovem 11

Oração para não aborrecer-se 17

Oração para a "ladeira" do fim do mês 21

Oração diante de um frasco de aspirina 25

Oração para apaixonar-se 29

Oração do amigo desconhecido 33

Oração para sacudir o sono 39

Oração para ser transparente 43

Oração para sorrir 49

Oração para o mês de maio 53

Oração para não perder a esperança 57

Oração para viver ao dia 63

Oração para a tarde do Corpus Christi 67

Oração para ser homem de peso 71

Oração para ser de uma só peça 75

Oração para a hora da verdade 79

Oração no trabalho 83

Oração para amar as insignificâncias 87

Oração para ser astuto 93

Oração para não desertar 99

Oração para ser sensato 105

Oração para ser agradecido 111

Oração para olhar para dentro 117

Oração para estar disponível 123

Quem não se viu muitas vezes — no silêncio de uma igreja ou, quem sabe, no meio da rua ou dos seus afazeres, bruscamente cortados por um imprevisto, por um remorso ou por um simples presságio — buscando em prece muda a face de Deus, que se lhe apresenta como o Deus de misericórdia e de toda a consolação?

Acontece que essa experiência, impetuosa, poucas vezes ultrapassa o marco das situações de emergência ou de ansiedade, quando deveria ser habitual, diária, para aqueles que muito bem sabem que a oração é "o ritmo indispensável" do respirar da alma.

As páginas que se seguem mostram ao vivo como se pode orar, mostram uma oração pessoal em andamento sem fórmulas fixas. Incisivas e breves como uma notícia, exemplificam assuntos de que falar com Deus, sem cair exclusivamente no punhado de súplicas amanhadas na aflição. Dizem-nos que os temas da nossa conversa com Deus são o vasto leque dos temas da nossa vida. De uma vida de filho de Deus que em Deus procura o Pai e o Amigo, para confidenciar-lhe carências essenciais, anseios de bom espírito, atitudes vitais para qualquer problema, mais do que a solução deste ou daquele problema. E sempre o desejo de um relacionamento mais íntimo.

Esta secreta oração no segredo da intimidade, que não grita por fora, mas clama por dentro, tem um pressuposto para a sua continuidade e para a sua eficácia: a humildade. "Isto te peço, Senhor: a convicção da minha própria miséria", pois Ele "derruba tudo o que é vertical, toda a segurança desmedida".

E outro ainda: a fé em ato. "Tenho medo, Senhor, de que à tua passagem não encontres uma fé que te surpreenda", como a fé do centurião. Pois é a fé que nos tira do nosso interior rarefeito, para nos possibilitar o encontro com um Deus que nos é mais íntimo do que nós a nós mesmos.

É então que Ele se mostra, como Deus que fez do amor o centro dos seus preceitos, e que no amor fala conosco. Não é outro o clima da oração. Muitos pensam que a oração é difícil porque não sabem compor raciocínios complicados. Basta-nos falar d'Ele, tal como o vemos no Evangelho, e de nós, tal como nos vemos à luz da nossa consciência, libertada de autodefesas pela ternura do Amor que nos acolhe.

E surge o diálogo de um filho pequeno com seu pai, do irmão mais novo com o irmão mais velho, espontâneo, variado — em que o Interlocutor divino nos dá provas da sua presença e das suas respostas pelos movimentos íntimos do coração, pela confiança que cresce, pela paz que devolve lucidez aos sentimentos tumultuados.

Depois, no desfiar das horas de quem contemplou o rosto de Deus e regressa da montanha, é a hora da disponibilidade, da procura da Vontade de Deus na "esquina" de todas as responsabilidades, com "vontade de otimismo" e na firme persuasão de que se tem de ser "homem de peso", "de uma só peça".

A oração interioriza e transforma, transforma porque interioriza. Lança raízes de ação fecunda, como "a flor que estala no ramo urgido pela primavera que traz dentro de si".

Oração para ser sempre jovem

Hoje estreamos o ano, Senhor.

Escolhemos esta data como poderíamos ter escolhido outra... No fim das contas, o mesmo discorrer das horas que ontem...

Mas começa o ano, ao fim e ao cabo, e vimo-lo amanhecer com esse discreto entusiasmo que se tem nas vésperas de certas estreias.

O novo, por ser novo, vem sempre sem as rugas de fracassos anteriores, e suscita, ao menos, a esperança de outras muitas esperanças.

Quando criança, na escola — lembras-te, Senhor? —, gostava de estrear cadernos de caligrafia. Depois, com os primeiros borrões, chegava a desilusão de uma obra falida, o desgosto, o desânimo, que são terreno preparado para a má vontade.

Estreamos o ano com a secreta esperança de agradáveis surpresas. E talvez já esta noite, Senhor, venhamos a sentir o cansaço daquilo que não é novo. Bem cedo nos invadirá o cansaço do eterno rodar da mesma roda, do mesmo trabalho, das mesmas preocupações, talvez dos mesmos fracassos que vão roendo o corpo e envelhecendo o espírito.

Eu te peço, Senhor, que mantenhas sempre em todas as minhas empreitadas esta mentalidade de estreia, porque está repleta de otimismo, de esperança e de juventude.

Guarda-me, Senhor, de ter a alma envelhecida, mesmo que o corpo tenha que sucumbir. Ensina-me a voltar a pôr entusiasmo, todos os dias, no desgastado rodopiar do meu trabalho. Que eu acorde, meu Deus, em cada manhã, com a vibração esportiva de uma corrida que começa... Porque Tu estás no final de cada hora insípida e de cada hora alegre. E vale a pena sorrir-te enquanto pego a tua mão e ando contigo... Porque Tu me indicas o caminho, o humilde e estranho caminho de cada minuto, e sei que puseste muito amor ao traçá-lo, para que eu pusesse muito entusiasmo em segui-lo.

Dá-me otimismo, Senhor, dá-me vontade de otimismo, apesar dos meus tropeços. Porque mais pena te damos quando não tornamos a levantar-nos do que quando caímos. Há um orgulho secreto neste desânimo que sentimos diante dos nossos fracassos.

Dá-me, Senhor, o otimismo imperturbável dos que só confiam em ti. Dá-me fé na beleza do meu trabalho, seja ele qual for.

Dá-me alento para amar o primeiro e o último que passem ao meu lado, e sorrir para ti em qualquer um que cruze comigo pelo caminho.

Dá-me ódio a todo o pecado — que é velhice e morte do espírito — e renova-me a cada instante na juventude da minha alma; e alegra-me com o gozo que concedes aos que nunca olham para trás; aos que creem verdadeiramente, com o teu Apóstolo Paulo, que *Deus faz concorrer todas as coisas para o bem dos que o amam* (Rm 8, 28); aos eternos jovens de coração, que se esforçam por recomeçar todos os dias a sublime tarefa de amar.

Oração para não aborrecer-se

Há muito tempo que nós, os homens, perdemos o gosto pela solidão.

Achamos ótimo esse martelar constante do rádio com a última canção, do cinema, da televisão, e andamos à caça das grandes manchetes dos jornais com uma ansiedade quase mórbida...

Estamos excessivamente acostumados a todos esses estímulos externos, e o seu zumbido nos é tão familiar, tão congênito, que nos acontece como às crianças ricas, que necessitam de muitos brinquedos para não se aborrecerem.

Porque esta é a verdade, Senhor: sentimo-nos terrivelmente entediados quando estamos sós.

Vendemos a nossa intimidade porque nos espanta o nosso vazio interior. Somos vazios por dentro. Com um vazio que dá vertigens.

Vivemos à flor da pele. À flor dos sentidos... Estamos cheios de pressa, porque temos tanto que ver, que bisbilhotar, que ouvir, que ganhar e gastar...

Como um animalzinho que tem os sentidos muito despertos, vivemos a curto prazo: prazo de sentidos. É preciso satisfazer o olho, o estômago e tudo o que há em nós de instintivo. Porque... dentro, não há nada.

Não gostamos de pensar, porque estamos sem resposta para as perguntas sérias, para os problemas de longo prazo e de largo alcance, que são os grandes problemas humanos nos quais, ao fim e ao cabo, sempre se acaba tropeçando contigo, Senhor.

Estamos vazios de ideias. Pressentimos que o importante está dentro de nós. Mas somos terrivelmente covardes. Fugimos.

Fugimos de nós mesmos, da nossa intimidade, que é onde nos encontramos cara a cara com o nosso destino, com o verdadeiro sentido da nossa vida, com aquela conversa interior onde Tu, Senhor, nos esperas para dialogar conosco...

Este diálogo salvador espanta-nos... E então fugimos, despistamos, fazemos por ganhar tempo, abrindo mais os olhos para o que reluz, a fim de matar melhor esse tédio interior que se transmuda pouco a pouco em remorso.

Dá-nos, Senhor, amor pela solidão. Por esta solidão do coração que nos convida, mesmo no meio de uma praça pública, em plena rua, a olhar para dentro de nós mesmos.

Dá-nos gosto pela reflexão espiritual, que é onde Tu, Senhor, que és Espírito, falas ao nosso espírito.

Ajuda-nos a preencher este tremendo vazio do nosso interior com a tua evocação e com a tua presença, para olharmos as coisas como Tu as olhas, para julgá-las como Tu as julgas.

Protege-nos contra a fuga de nós mesmos e faz-nos encontrar, onde quer que estejamos, a sagrada solidão em que Tu te comunicas.

Oração para a "ladeira" do fim do mês

Se achas bem, Senhor, falaremos esta noite das donas de casa.

E daqueles que, sem o serem, sentem na carne o mal-estar das contas que não batem.

Ao fim e ao cabo, Senhor, também Tu soubeste — eras uma criancinha então — dos dissabores de uma "ladeira" de fim de mês alarmante, quando, exilado no Egito, teu pai adotivo percorria as oficinas do seu ramo em busca de trabalho.

Os nossos apertos, Senhor, Tu os conheces de cor. E não há nenhum mau transe pelo qual não tenhas passado antes que nós... Obrigado, meu Deus, por te teres abeirado tanto da nossa vida!

Agora sei que me compreendes muito bem quando te conto que é difícil esticar o ordenado até 31 de janeiro. Que é equilíbrio demais extrair cifras longas de cédulas curtas.

Bem sabes, Senhor: a água, a luz, os sapatos dos meninos, o colégio, a farmácia..., o supermercado... Para que continuar, Senhor, a ladainha das nossas gloriosas servidões, que foram também as tuas?

Peço-te apenas a paz imperturbável dos que se sabem filhos de Deus. Dos que sabem muito bem, à hora de pedirem o pão nosso de cada dia e de cada "ladeira" de fim de mês, que murcham e passam antes que os lírios do campo e as aves do céu.

Dá-me também bom humor e esperteza para este "braço de ferro" de cada fim de mês, para que não falte aos corpos aquilo de que necessitam para servir o espírito.

Ajuda-me, Senhor, a santificar todos estes apertos.

Ensina-me a pedir perdão por aqueles que defraudam o salário do trabalhador. Perdão e justiça.

Ensina-me a não criar falsas necessidades.

A desprender o coração dos bens deste mundo, ganhando liberdade.

A amar a sobriedade e a temperança.

A não ser farto de desejos inquietos de riqueza.

A desprezar as riquezas com o mesmo empenho com que muitos se empenham em ganhá-las.

A escolher para mim o pior e a ter a fina cortesia de presentear os que me rodeiam.

Sim, meu Deus, ensina-me a amar a pobreza, que algo de formidável deve ter quando Tu a quiseste para a tua Mãe.

*Oração diante de um frasco
de aspirina*

Senhor, estou moído.

Os meus ossos rangem na minha carne dolorida. Há como que um estranho cansaço líquido nos meus membros chumbados.

Tenho gripe.

Obrigado, Senhor, por esta gripe, sem outro alívio que um frasco de aspirina... Os sábios da medicina continuam ainda sem saber como intimidar o seu humilhante vírus, que é a *vedete* dos meses frios.

Há alguns lustros, os nossos homens de ciência encontraram o modo de converter uma pneumonia num vulgar resfriado. Depois de Fleming, nós os pobres mortais passamos a sentir-nos mais seguros, bem calafetados por trás dessa gama de antibióticos que estrangulam qualquer processo infeccioso com uma rapidez estonteante.

Mais imunes do que antes, ganhamos em orgulho. Sentimo-nos mais senhores da nossa preciosa saúde, que confiamos sem reservas às injeções de penicilina... Falamos de milhões de unidades com a ênfase de quem maneja notas de banco.

Continuam a inquietar-nos as falhas do coração, e o câncer constitui ainda o nosso pesadelo. Contudo, os medicamentos mandados vir do estrangeiro inspiram-nos uma segurança de potentado vaidoso.

Por isso a gripe nos humilha. Porque é incombatível...

Antes, à cabeceira do nosso leito, velando uma pneumonia, as nossas mães confiavam menos nos poderes dos unguentos do que nas contas do terço. Hoje, embebidos em progresso, transferimos a nossa fé para os antibióticos.

Acuso-me, Senhor, de comprazer-me nesta segurança da ciência, esquecendo-me de que és Tu que deixas que te arranquem os segredos que nos curam.

Dou-te graças por esta pequena escravidão do corpo moído pela gripe. Ofereço-te a desvontade dos meus membros indóceis, do meu corpo sem brios, abatido e humilhado.

Obrigado, Senhor, porque sempre reservas para Ti um ponto fraco para dobrares a nossa soberba de homens sabidos.

Porque só Tu, Senhor, és invulnerável. Só Tu estás eternamente em boa forma.

E eu louvo esta noite a tua onipotência, sob o peso dos meus olhos febris, que contemplam sem fixidez um simples frasco de aspirina.

Oração para apaixonar-se

Não achas, Senhor, que um dos teus mandamentos poderia muito bem ser formulado assim: "Não tomarás o nome do amor em vão"?

Porque há uma espécie de sacrilégio em tanto manuseio desta palavra que o teu Apóstolo escolheu para definir a tua essência divina.

O nosso vocábulo humano foi posto de pernas para o ar pela nossa ligeireza, pela nossa ignorância e pela nossa má-fé.

Desfiguramos a palavra e a coisa.

O nosso pecado, Senhor, consiste em termos mudado o amor de lugar. Tu o colocaste à entrada do nosso ser espiritual; o amor está na alma. Nós o colocamos no corpo. Fizemo-lo instintivo, passional, epidérmico. No melhor dos casos, afetivo. Fizemo-lo carne. E os seus frutos trazem consigo as servidões daquilo que não é espírito.

Perdão, Senhor, por termos afogado o amor em prazer.

Por termos confundido gozo com felicidade.

Por termos estragado o plano de Deus, que criou o instinto como ressonância corpórea da união de duas almas.

Porque a nossa impureza desfigurou o amor...

Eu te peço, Senhor, um entusiasmo louco por esta virtude de enamorados que é a pureza.

Porque só ama aquele que está transido de respeito.

Aquele que se admira ante as maravilhas de Deus no mistério da vida.

Aquele que guarda, no seu corpo de homem, olhos transparentes de criança.

O autêntico senhor de si mesmo.

Aquele que diz mais vezes "tu" do que "eu".

Aquele que escolhe de uma vez para sempre, e se compromete na liberdade.

Aquele que luta por identificar-se com o outro.

Aquele que luta contra o seu próprio egoísmo.

Aquele que melhora o ser que ama.

Aquele que se melhora a si próprio amando.

Aquele que tem o coração repleto de ânsias de pureza, de uma pureza que é equilíbrio, otimismo, doação, felicidade da alma apaixonada.

Oração do amigo desconhecido

Há pessoas, Senhor, que à sua passagem deixam sempre um rasto de simpatia convincente, cheia de acertos... Os outros comentam: "Fulano tem anjo".

Eu quero pensar que a gente fala assim porque os anjos de verdade — os nossos anjos — têm fama de fazer as coisas saírem perfeitas, rendilhadas.

Não é para menos, Senhor. Porque os teus anjos são inteligentes. Inteligentes e maravilhosos.

Espíritos sem lastro. Último elo de uma cadeia criada por ti, que se estende diante de nós como um mostruário de belezas cada vez mais surpreendentes... Um seixo, uma rosa, um pardal, um homem, um anjo... É assim, do menos para o mais. Num extremo, matéria pura, sem vida. No outro, vida pura, sem matéria. Espírito inteligente e livre. Um leque de perfeições crescentes. E no ápice, os teus anjos, imagens viventes de Deus, simples, imortais e transbordantes de vida. E entre eles — que são legião —, o meu Anjo da Guarda.

As tuas dádivas, Senhor, são sempre magníficas.

Obrigado pelo dom do meu Anjo da Guarda.

Obrigado por teres inundado o mundo de anjos.

Porque cada bandido tem também um cúmplice para o bem.

E cada santo um companheiro de caminho.

O meu Anjo da Guarda, Senhor! Íntimo amigo de todas as horas.

Eu sei que estou sempre envolvido pela presença do melhor amigo que me deste. Os teus teólogos escreveram um tratado inteiro sobre os anjos.

Creio na presença ativa do meu Anjo da Guarda, ao meu lado.

É inteligente e é bom. A sua solicitude sossega-me, e eu quero confiar-lhe os meus assuntos, grandes e pequenos, com a naturalidade de quem dita uma carta ao seu secretário.

Quereria eu dizer aos homens que não sejam estouvados. Que não estão sós, que não resolvam nada por conta própria. Que o Anjo da Guarda faz sempre todas as coisas rendilhadas, mesmo quando fracassamos.

Quereria dizer aos pais que falem com o Anjo da Guarda dos seus filhos. Aos professores, com o dos seus alunos. Aos namorados, com o das futuras mães de seus filhos. E quem quer que procure fazer algum bem, que procure a cumplicidade do Anjo da Guarda da pessoa a quem deseja muito ajudar.

Obrigado, Senhor, por teres inundado o mundo de anjos como de luzes em uma noite de Natal. Porque são legião os que lutam contigo.

Anjos bons e anjos terríveis à hora de nos acusarem por escandalizarmos os pequeninos.

Anjos sem asas, por cuja obra e graça, na hora suprema, o Juiz poderá dizer-nos: "Vem para a minha direita, porque li na tua alma e vi que *tinhas anjo* aos olhos de Deus".

Oração para sacudir o sono

Um cartuxo contava-me que as suas Regras lhes mandam, à hora de levantar-se, "pular da cama como se estivesse pegando fogo".

Bonita oração da manhã, este pulo brioso que desperta os sentidos e acorda o coração!

Agrada-te, Senhor, ver os teus filhos arrancarem-se da tepidez dos lençóis com um pulo resoluto e alegre, que é por si um oferecimento das obras do dia.

Agradam-te a atividade decidida e o ritmo esportivo de uma vida cristã que começa, todos os dias, com este pequeno gesto de coragem que te cumula de alegria.

Pequeno gesto importante, Senhor!

Porque é dedicar-te o primeiro ato consciente do dia que nos dás.

Porque é a primeira ação de graças pelo primeiro dom do novo dia.

Porque é um grito de serviço, marcado pela ânsia de não ficar com nada, de oferecer-te tudo.

Porque as horas que se seguirão estarão consagradas e oferecidas por esta entrega matutina.

Porque depois bastará apenas recordar-te que sim, que te demos tudo, que não nos estamos desdizendo...

A pontualidade é a guardiã da ordem.

E a ordem, a da piedade...

Dá-me, Senhor, em cada manhã, o teu brio para me levantar e ir para ti, saltando da cama de um pulo, sem falsa compaixão por mim mesmo.

Porque a prontidão em servir-te é o distintivo da devoção autêntica.

Porque a tepidez dos lençóis contagiou toda a minha vida cristã, envolvendo-a numa moleza que afoga qualquer assomo de generosidade.

E faz-me muita falta, Senhor, este reflexo rápido do cartuxo fiel, que sacode o sono do seu corpo e da sua alma com esta vitória matutina.

Ela disfarça um pouco o mau sabor que te deixam os nossos inevitáveis desfalecimentos, que surgem à hora de te dizermos boa noite.

Oração para ser transparente

Um pedaço de mar azul, de águas profundas, claras, vivas, que nada ocultam de tudo o que banham.

Tu gostas, Senhor, das almas que não encobrem nenhuma malícia, das almas transparentes, luminosas como um olhar de criança que traz o coração à flor dos olhos.

És o Deus da sinceridade...

O pecado turvou as coisas.

Quando fazemos um mau negócio, dizemos: "Enganaram-me". Um pecado é um mau negócio. É sempre uma falsidade, um erro de cálculo, um logro.

Cometer um pecado é sempre escolher gato por lebre. É escolher um bem falso. Tem sempre um fundo de mentira.

Na tua ânsia de livrar-nos do fracasso eterno, Tu nos disseste, Senhor: *Eu sou a verdade* (Jo 14, 6). Sabias que os erros se pagam caro, e quiseste que os teus filhos construíssem a vida sobre a Verdade...

Nós, os homens, temos alma de cloaca. Turva, viscosa, impenetrável, revolvendo por dentro um aluvião de imundícies.

Não somos transparentes. Falta-nos a virtude da veracidade, que nos inclina a manifestar-nos externamente tal como somos interiormente.

Eu te peço, Senhor, nesta noite, um pouco dessa repugnância essencial que sentes por toda a mentira, que não é apenas um pecado contra os meus irmãos os homens, mas um escárnio lançado à tua essência divina, Verdade substancial.

Tu és, Senhor, a anti-mentira, a Verdade com maiúscula.

Que o vosso "sim" seja "sim", e o vosso "não" seja "não" (Mt 5, 37), repisaste-nos Tu quando passaste pela terra.

Dá-me, Senhor, alma de criança. Uma alma simples, sem duplicidade; sem segundas intenções; uma alma fiel, decidida a cumprir o prometido.

Livra-me da simulação, que me faz adotar atitudes falsas.

Livra-me da hipocrisia, que me faz passar pelo que não sou.

Livra-me da jactância, que me desfigura porque me eleva acima da minha condição.

Livra-me do exagero, que deforma a realidade.

Livra-me da falsa humildade, que me faz saborear por dentro, como próprios, dons que são exclusivamente teus.

Dá-me, Senhor, sinceridade para com todos aqueles a quem devo abrir a minha alma, particularmente com a pessoa que tenho por conselheira do meu espírito.

Oxalá cada um dos meus dias, com a tua graça, seja um passo em frente na conquista deste dom luminoso da transparência que me assemelha mais a ti, Senhor. A ti, que exultas de alegria quando te olhas no espelho límpido de uma alma, como num pedaço de mar.

Oração para sorrir

Esta noite acuso-me, Senhor, de ter perdido o bom humor.

Estou aturdido. Não domino as coisas; as coisas me dominam. Sinto-me nervoso, acelerado, perco o pé e tropeço. Fugiu-me a paz e, com ela, o bom humor, que é o seu fruto.

Aqui me tens, Senhor, nas garras do desassossego, convertido num feixe de nervos descontrolados, pequena vítima de um humor nefasto...

É coisa grave perder o bom humor.

Os pensamentos sombrios afogam a vida dos filhos de Deus.

Tu nos queres radiantes, Senhor... Por alguma razão disseste de ti mesmo que eras a Luz.

A alegria é parte integrante do nosso viver cristão.

Nada resiste ao otimismo dos que estão impregnados de fé.

Quando se veem as coisas como Tu as vês, tudo passa a ter sentido, tudo é esperança, "tudo é graça", como dizia Bernanos.

As nossas dificuldades e os nossos fracassos seriam luminosos se tivéssemos fé.

O desânimo jamais será cristão. É uma espécie de participação na derrota definitiva, irrevogável, do espírito das trevas. Só Satanás está num beco sem saída. Só ele tem direito a desesperar.

Um cristianismo triste é sempre desafinado.

Uma virtude triste é como um quadro falsificado.

Um santo jorra alegria.

"Não há alegria? — Então pensa: há um obstáculo entre Deus e mim. — Quase sempre acertarás"*.

A tristeza procede muitas vezes da falta de generosidade.

Há na Bíblia um mandamento de alegria: *Alegre-se o coração dos que procuram o Senhor* (Sl 104, 3).

A alegria é a companheira inseparável daquele que se dá, é a atmosfera

---

(*) Josemaria Escrivá, *Caminho*, 14ª ed., Quadrante, São Paulo, 2022, n. 662.

normal da intimidade com Deus. Cada covardia se paga com uma tristeza.

Esta noite eu te peço, Senhor, um sorriso imperturbável. Uma vontade imensa de sorrir sempre, porque, para quem ama a Deus, todas as coisas correm de vento em popa.

Já se disse que a alegria é uma flor com as raízes em forma de cruz*.

Eu te peço, meu Deus, esta decisão profunda de não te negar nada, para que a minha alegria nasça do amor.

E que, ao olhar-me, possas contemplar no meu rosto de filho o reflexo do teu sorriso divino.

(*) Cf. Josemaria Escrivá, Forja, Quadrante, 2022, n. 28.

Oração para o mês de maio

Hoje pus um cravo aos pés de uma imagem da Virgem.

É o mês de Maria.

Amanhã, porei uma rosa. Depois de amanhã, um gerânio ou umas folhas verdes de esperança...

Como havia de ser menos do que uma flor, disposta em cada dia como um galanteio de ternura?

Haverá coisa melhor do que uma flor, quando as palavras se mostram tão pobres?

Maio envolve-nos numa espécie de presença mariana.

Intuímos, Senhor, que Ela deve ocupar todos os espaços, nestes longos dias de um mês que é o mês de Maio.

Uma fé esclarecida e adulta empurra sempre para Maria como que por um instinto vital, com a naturalidade de uma criança que procura o regaço materno.

Maria é a Imprescindível.

Ela possui tudo aquilo que anelamos no mais profundo do nosso ser e que luta por realizar-se. Mesmo na nossa inconsciência, aspiramos ao que Ela é e ao que Ela nos dá.

É impossível fugir d'Ela. Ela é a Necessária.

Colocaste a Virgem, Senhor, no centro da nossa vida. Fizeste-a Mãe. Está na raiz de todo o impulso vital que arrasta para Deus.

Ela é *Vita nostra*. Fugir d'Ela é morrer.

Esta noite, eu te peço, Senhor, que avives em mim a consciência da sua necessidade.

Que cada ressonância profunda do meu ser procure a sua resposta em Maria.

Que cada ato de fé no meio da minha fraqueza me situe nos braços da sua fortaleza.

Que cada anelo de aperfeiçoamento me leve como que pela mão a imitá-La.

Que cada aspiração à beleza se satisfaça na sua pessoa.

Que cada grito da alma me aproxime da sua bondade.

Que cada flor posta junto da sua imagem aproxime d'Ela o meu coração.

Lembro-me, Senhor, de que, quando era estudante, nas vésperas das férias, saboreava a perspectiva desses dias com uma voluptuosidade que me parecia inextinguível. Sentia-os como se fossem de minha propriedade, invadia-me a euforia embriagadora de quem se tornou de repente imensamente rico. Era o entusiasmo infantil por uma sobremesa eterna.

Esta noite, eu quereria, Senhor, ter uma alma de criança sonhadora, para acometer os trinta e um dias deste mês de maio saboreando a formidável sorte de saber-me filho queridíssimo de tua Mãe.

Oração para não perder
a esperança

Nós os homens, Senhor, sofremos muitas vezes de velhice prematura.

É terrível pensar que aos vinte anos se pode ter o coração apto para um asilo de velhos.

Um coração sem entusiasmo é irremediavelmente velho.

E o entusiasmo tem um nome: esperança.

Perder a esperança é envelhecer mortalmente. É fazer retroceder a vida. É esmagá-la.

O desespero é pecado de orgulho. Acontece quando pretendemos obter das nossas misérias a força que só Deus possui.

O desespero é miopia de espírito. Uma miopia culposa. Porque não houve mudança alguma em Deus, na sua atitude de imperturbável bondade. Fomos nós que nos afastamos d'Ele...

Quando um barco começa a afundar, começa também a perder de vista o céu. Perdemos a esperança na medida em que nos submergimos na matéria. Deus fica sobrando quando nos cobrimos de terra.

Um pecado envelhece-nos mais do que mil anos.

Livra-me, Senhor, do envelhecimento daqueles que não andam pelos teus caminhos.

Livra-me da tibieza, que é anquilose voluntária da minha formidável vida de filho de Deus.

Livra-me do desânimo, que asfixia os meus desejos de vida cristã.

Que eu saiba encontrar, Senhor, na monotonia das mesmas voltas da mesma nora*, o entusiasmo do primeiro dia. Porque cada hora e cada coisa têm, como as flores do caminho, um matiz secreto que as pode cobrir de beleza.

Ensina-me a empreender cada tarefa como se fosse uma estreia, porque tudo o que se faz por ti pode engalanar-se com o encanto sempre novo do amor.

(*) A nora é um instrumento, acionado por animais, que serve para extrair água de poços ou cisternas. Referência a *Caminho*, n. 998. [N. T.]

Ensina-me a empreender os meus deveres, os pequenos e insípidos deveres de cada minuto, com o entusiasmo de quem cumpre uma grande missão.

É disto que estou precisando, Senhor: de entusiasmo, de muito entusiasmo, humano e divino, para enfrentar com ânimo alegre e enamorado cada uma das situações em que a tua Providência me coloca.

Que cada um dos meus interlocutores se despeça de mim com a sensação de sentir-se querido.

Que eu empreenda o meu trabalho com o entusiasmo do dia em que, ainda rapaz, trouxe para casa o primeiro ordenado.

Cria em mim, Senhor, um clima de alegria, mesmo que deva ser o prêmio de um esforço supremo, que com a tua graça tentarei fazer, rompendo a cantar com o coração esmagado pelo tédio.

Oração para viver ao dia

Somos uns inquietos, Senhor.

Carregamos cada hora com a preocupação da seguinte, esquecendo que *basta a cada dia o seu cuidado* (Mt 6, 34).

No fundo, corrói-nos o orgulho, encapuzado sob a melhor das intenções.

Quando os nossos passos são guiados pelo anelo de melhorar, quereríamos que todas as coisas nos saíssem perfeitas. Suportamos mal um borrão na página começada com a aspiração de que fosse impecável. Depois, vem o desânimo.

Não nos perdoamos um tropeço que desbarata a nossa melhor boa vontade. E jogamos pela borda os nossos desejos de perfeição, simplesmente porque nem tudo nos saiu bem.

O nosso amor-próprio, Senhor, prega-te muitas partidas.

Sucumbimos à tentação de pretender uma página sem rasuras.

E nos preocupamos por todos os momentos, menos por aquele que nos cabe viver.

Ensina-me, Senhor, a amar o minuto que me dás. A entregar-me a ele como se fosse o único. Sem pensar naquele que passou, nem naquele que há de vir.

Ensina-me a espremer-me no que faço como se fosse o único objetivo da minha vida. A amar cada hora, humildemente, sem pausas e sem pressa, saboreando a sua plenitude na perfeição dos seus minutos, como se fosse uma obra de arte que te deve encher de alegria.

Ensina-me a embutir em cada tarefa, por insignificante que seja, a totalidade do meu pobre ser desejoso de agradar-te.

Ensina-me, quando tiver recuado no teu serviço, a retificar em pleno voo, sem desespero nem indiferença, com a alegria humilde de quem sabe que Tu passas por alto qualquer descuido, quando vês assomar um pouco de boa vontade.

Ensina-me a estar no que faço, porque cada minuto traz consigo uma ordem tua, e vale a pena pôr nela o coração.

E no derradeiro minuto da minha última hora, surpreende-me, Senhor, entregue de corpo e alma à minha tarefa.

Oração para a tarde do Corpus Christi

Esta tarde, Senhor, entre cachos humanos mais curiosos que devotos, desfilarás pelas nossas ruas sobre tapetes de flores.

Tenho medo, meu Deus — é um modo de falar —, de que retornes ao teu Sacrário de coração despedaçado.

Medo de que, à tua passagem, não encontres uma fé que te surpreenda.

De que ninguém te assalte, no silêncio da sua alma, como o cego que gritava para se fazer ouvir por ti.

De que ninguém te olhe com a ânsia louca de que o toques, como o leproso do Evangelho, para sentir-se curado de uma vez.

Medo de que não encontres nenhum paralítico.

De que ninguém esteja faminto.

Nem te abra os postigos da alma para nela fazeres a tua morada...

Tenho medo de que passes sem ficar.

Corpus Christi.

Como se fosse a coisa mais banal do mundo.

Como se não fosse inaudito, sempre, até o fim dos séculos, este modo divino de explodir que o Amor de Deus quis ter, fazendo-se comida.

Corpo de Cristo! Aqui, dentro do meu corpo, para dar plenitude à graça do meu batismo. Para o amadurecimento total da minha vida divina de filho de Deus. Transfusão superabundante de Vida.

É impressionante, Senhor, a tua proximidade.

Impressionante a possibilidade de amor e de traição que encerra uma única comunhão sacramental. Mais próxima que o beijo de João e que o beijo de Judas...

Corpo transformante de Cristo... Tu não permaneces em vão num homem que te permita atuar livremente. Esplêndido taumaturgo, que deixas novo em folha o mais miserável, com a única condição de que tenha fome de ti.

Tenho medo, Senhor, de que esta tarde do *Corpus Christi* resvale sobre a nossa estupidez sem deixar rasto.

Por isso te peço esta noite que despertes o paladar das nossas almas

inapetentes, para que, à tua passagem,
nos encontres famintos.

Oração para ser homem de peso

"O amor — disse Santo Agostinho — é o peso da minha vida". *Amor meus, pondus meum.*

Eu te peço hoje, Senhor, que me faças homem de peso. De muito peso.

Acuso-me de ter centrado os meus sonhos em açambarcar tudo, tudo, menos o amor.

Acuso-me de inchar-me de vazio. Porque, no entardecer da nossa vida, só o Amor é que "pesará".

Acuso-me de viver para mim, de olhos para dentro; de fazer-me o centro de tudo o que me rodeia. De medir tudo por referência a mim próprio. De estar virado para o meu eu.

Acuso-me de ser hermético, ao contrário do que Tu fizeste, Senhor, ao quebrares o círculo infinito da tua vida trinitária e te derramares sobre o mundo para nele verter vida divina.

Senhor, eu não derramo nada. Nem mesmo o pensamento. A minha antena só é sensível aos meus problemas pessoais. Acuso-me de não pensar nos outros. De ter entranhas de pagão.

A vida eterna consiste em conhecer-te a ti, único Deus verdadeiro, e a Jesus Cristo, a quem enviaste (Mt 10, 39).

Conhecer-te. Prestar-te atenção. Estar pendente. Pôr-me a serviço. Entregar-me. Envolver Deus e os homens num olhar de fé repassada de caridade.

Estou longe, Senhor, deste conhecimento que nos mandas ter para alcançarmos a vida eterna. Preciso ser humilde para conhecer com amor. Preciso ver que há alguma coisa, fora de mim, melhor do que eu mesmo. Que vale mais a pena do que eu. Que fora do meu eu estás Tu, Senhor, meu Bem e meu Tudo, e que estão os outros, filhos teus.

Acuso-me de não ter sido suficientemente humilde para "conhecer", para perceber que a minha plenitude está em encontrar-te pelo amor. Para compreender que a minha personalidade se forja no teu serviço, e que o amor ao próximo, em vez de diminuir-me, me normaliza, me complementa e me aperfeiçoa...

Tem compaixão de mim, Senhor, porque apodreço de egoísmo. Sou um homem "sem peso". Falta-me densidade cristã.

Fiz de ti um Deus-encanador. Só te chamo quando se torna urgente algum conserto importante. Utilizo-me do meu próximo, sem encontrar tempo para estar atento ao que ele possa precisar de mim.

Faz-me humilde, Senhor, para que possa encontrar a Vida, perdendo-a um pouco em cada dia. Para amar melhor, num mesmo abraço, o Pai, o Filho e todos os teus filhos, com a graça do Espírito Santo.

Oração para ser de uma só peça

Não achas, Senhor, que muitas vezes fazemos do nosso cristianismo uma peça de vestir que se põe e se tira?

A nossa vida desconjunta-se em horas, no decurso das quais somos, sucessivamente, pai de família, profissional, espectador de cinema... cristão que vai à Missa.

A nossa personalidade compõe-se de uma série de compartimentos estanques. Um deles — pois claro! — é o nosso catolicismo.

Abrimos um apartado para a vida cristã. Somos uns "cumpridores dominicais".

Olhei para a minha vida, Senhor, e encontrei-a toda desgrenhada, sem travejamento, sem unidade, sem forma.

Faço coisas cristãs. Não vivo como cristão.

No batismo, a tua graça santificante invadiu toda a minha vida humana, elevando-a a uma categoria divina. Fizeste-me de uma peça. E fizeste-me filho de Deus. O caráter batismal proclamará sempre, mesmo no inferno, a minha vocação de filho teu.

Ofereceste-me, Senhor, uma Vida. A tua Vida. Uma realidade vital que deve penetrar todo o meu ser, que deveria acompanhar-me sempre, sob pena de morte, dando um relevo novo e um sentido novo à minha atividade.

Não sou um homem partido em quatro. O meu batismo envolve-me numa grande unidade. Sou um filho de Deus que come, escreve à máquina, toma o ônibus, joga futebol, estuda inglês, semeia batatas. Toda a minha atividade deve integrar-se numa grande síntese orgânica sobrenatural. O meu cristianismo é um modo de viver a minha vida humana, envolvendo-a numa fé cada vez mais cheia de amor. A minha responsabilidade de filho de Deus acompanha-me sempre. Um pouco como Tu, Senhor, que em cada instante da tua vida de Homem absorvia a ressonância infinita da tua Pessoa divina.

Acuso-me, meu Deus, de ser um quebra-cabeças em total desordem.

Acuso-me de que só se conhece o meu catolicismo pelos meus ritos dominicais. De que, sendo filho de Deus, a recordação de meu Pai me ocupa uma hora por semana.

Acuso-me, Senhor, de não me fazer reconhecer, como cristão, na minha vida de família, no meu trabalho e na minha medíocre devoção.

Sou um pobre homem, Senhor, que de vez em quando faz profissão de fé. Mas sem a preocupação profunda de reconduzir a minha vida a uma unidade, sem o desejo intenso de procurar-te em cada faceta da minha existência, sem entusiasmo para oferecer-te cada uma das minhas horas, destas horas que me presenteias com a esperança de que tas devolva transformadas pelo amor.

Oração para a hora da verdade

Esta é a tua hora, Senhor, a hora da tua justiça. Aquela da qual me aproxima cada hora terrena, para o supremo balanço do supremo negócio.

Confesso que sou um mau negociante. A parábola dos talentos não me impressionou muito. Olho mais para as despesas do que para as receitas. Costumo examinar a minha consciência sobre o mal que fiz, e não me lembro de que também serei julgado pelo bem que deixei de fazer.

Esqueço-me de que és um amo exigente, que pedes em dobro o que me confiaste em depósito.

Esta noite, Senhor, acuso-me de ter feito do meu catolicismo uma religião do *não*... Porque não roubo, nem mato, nem..., como se a perfeição do amor, que é o teu mandamento, não consistisse num *sim*.

Acuso-me dos meus pecados de omissão.

De esconder os teus talentos sem pretender multiplicá-los.

De evitar o mal sem afogá-lo em abundância de bem*.

Acuso-me de não aprofundar na minha fé mediante a leitura reflexiva. De saber hoje, na minha idade adulta, um

---

(*) Cf. *Forja*, n. 848. [N. T.]

pouco menos do que no dia da minha Primeira Comunhão.

De não te procurar, seriamente, com humilde perseverança.

De não me preocupar com o meu progresso espiritual.

De não fomentar nenhum desejo de perfeição.

Empenhei-me, Senhor, em não crescer diante de ti, sem perceber que esta atitude é simplesmente monstruosa.

Acuso-me de "ir levando", sem pena nem glória, envolvido numa preguiça que esteriliza a minha vida. Sem garra para acometer os meus deveres. Sem ânsias de cumpri-los hoje melhor do que ontem. Sem afinar o ouvido para escutar melhor a tua Vontade.

Acuso-me de perder-me em nebulosas. De ficar à espera de ocasiões extraordinárias para servir-te, sem aproveitar as pequenas oportunidades que me ofereces a cada instante.

Acuso-me de não ser fiel nas pequenas coisas. De desprezar a ordem, a pontualidade, a amabilidade e o bom humor. De adiar para amanhã os detalhes que me pedes hoje.

Acuso-me de deixar passar as horas, quando Tu no-las dás como um talento, para que frutifiquem em amor.

Ensina-me, Senhor, a viver em plenitude cada uma das minhas horas, para esperar com paz o momento em que soar a tua.

Oração no trabalho

Tu nos disseste, Senhor, nos teus Livros Sagrados, que *o homem nasceu para trabalhar como o pássaro para voar* (Jó 5, 7).

Confesso que, muitas vezes, na minha estupidez, teria desejado ficar sem asas.

Que terá o trabalho, Senhor, para que o tenhas convertido em lei da nossa vida e lei da tua?

Que fecundidade oculta, para nosso bem, quando o enraizaste tão fundo no nosso ser?

Não compreendemos o mistério deste esforço do homem que labuta, esforço gozoso que o pecado transformou em dor.

Suportamos o trabalho como quem aguenta um furúnculo no pescoço. Não chegamos a amá-lo.

Descobrir o segredo do trabalho é descobrir o segredo do amor.

Porque Tu nos amas, Senhor, quando resolves associar o homem à tua obra criadora. O meu trabalho continua o teu. Transforma o que Tu criaste e arremata a obra que, propositadamente, deixaste inacabada.

Porque Tu nos amas, Senhor, quando nos ofereces a dor laboriosa para que a acrescentemos à tua, como instrumento de redenção. O melhor da tua vida humana esteve envolvido no suor da tua oficina de carpinteiro...

Eu te peço esta noite, Senhor, um entusiasmo louco pelo meu trabalho, que é como um sacramento de amor.

Sim, o meu trabalho. Seja qual for; este que puseste entre as minhas mãos preguiçosas.

Ensina-me a amá-lo tal como é, na sua monotonia e na sua humildade.

O meu trabalho é dádiva tua: ensina-me a pôr toda a minha alma em cada pequena tarefa.

Dá-me o gosto das coisas acabadas, que me assemelham ao teu trabalho sempre perfeito.

Trabalhar mal é atraiçoar-te e atraiçoar os homens, meus irmãos. Dá-me amor pela honestidade e vontade de ser cada dia mais competente. Porque o meu trabalho deve trazer sempre o selo da minha fé, e eu não posso deixar-te malparado, Senhor, no exercício da minha vida profissional.

Ensina-me a amar o meu trabalho e a amar-te apoiado no meu trabalho. Que saiba enchê-lo da tua presença e embeber cada hora em jaculatórias.

Ensina-me a cumulá-lo de espírito de mortificação, trabalhando com pontualidade, com ordem, com intensidade e com alegria.

Faz, Senhor, que o meu trabalho suba até à tua presença como uma oração imensa, e que eu rompa a cantar de alegria na dor deste meu esforço que te ajuda a redimir o mundo.

Oração para amar as insignificâncias

Olhei para a minha vida, Senhor, e só vi coisas insignificantes. Insignificâncias inseridas no tecido cinzento de minutos insossos que enchem as horas como uma grande ampulheta de areia finíssima.

Existe uma mecânica da vida, monótona, incolor, na sucessão dos dias sempre iguais. E essa mecânica pareceu-me absurda, Senhor, até que, olhando para a vida da tua Mãe, caí na conta de que essas insignificâncias encerravam maravilhas.

Sim, a tua Mãe, Senhor. A primeira Mulher do mundo, a mulher com a personalidade mais acabada e de maior eficácia espiritual de todas, agigantou a sua plenitude à base de insignificâncias... Não achaste melhor meio, Senhor, para a expansão da grandeza interior da Virgem, do que submetê-la a uma mecânica da vida inteiramente igual à minha.

Que eu entenda a tua mensagem, meu Deus. A mensagem das pequenas coisas para o crescimento do amor.

Um secreto orgulho impeliu-me a procurar ocasiões excepcionais para fazer grandes coisas. Afoguei-me em elucubrações, à espera de solenidades para te dar uma resposta que valesse a pena, em vez de esvaziar todo o meu amor nas pequenas servidões de cada minuto.

Porque era nisto, Senhor, que a tua Mãe estava absorvida: em pôr muito amor nos diminutos deveres que nós cumprimos por força. Em fazer com que cada pequena tarefa fosse uma obra de artesanato carregada de mimos para contigo. Em ser fiel ao seu trabalho, um trabalho sem outro brilho que o que derivava da dedicação de uma alma enamorada. Em acabar as coisas. Em fazê-las a tempo. Em fazê-las muito bem. Em fazê-las pensando no serviço que com elas prestava aos outros.

"Em cada acontecimento, por pequeno que seja, inscreve-se a vontade de Deus, como toda a imensidade do céu numa gota de água".

Tenho o direito de pensar, Senhor, que a tua Mãe foi uma mulher de bom gosto. Que devia amar a limpeza e o esmero. Que cuidaria dos pormenores. Que José e o Menino trariam nas suas túnicas remendadas a marca da sua delicadeza. Que cada coisa estaria no seu lugar na casa de Nazaré. Que os vizinhos que atravessassem os umbrais desse lar ficariam envolvidos na amabilidade de um sorriso cordial. E que não faltaria uma flor de laranjeira ou um ramo de oliveira num ângulo da sala, disposto como uma vontade de alegria permanente. E a oração elevar-se-ia tensa, contínua, como um ritmo indispensável de respiração interior...

Os nossos deveres, Senhor, não pairam acima das nuvens. E se nos impuseste insignificâncias, não é porque te faltasse imaginação para criar-nos obrigações espetaculares.

Eu te peço esta noite, Senhor, que possa merecer o louvor do servo que foi fiel no pouco. Vibração interior para encher de amor as pequenas incidências que dispuseste ao longo do meu caminho, sob a forma de algum dever.

Nos teus planos, Senhor, não há desperdícios. Tudo é formidável, porque a tua Vontade é sempre magnífica.

Ensina-me a arrancar de cada insignificância um cântico de apaixonado.

A amar cada uma das tuas indicações, por diminuta que seja, com a paixão daquele que está empenhado numa grande obra, uma obra que só pode ser malbaratada pelas repetidas traições da minha tibieza inconcebível.

Oração para ser astuto

Foste Tu, Senhor, que nos recomendaste, para o bem, a astúcia dos filhos das trevas.

Não somos astutos porque não amamos o suficiente. A sagacidade, mais do que na cabeça, nasce no coração.

A tua parábola dos talentos, Senhor, manda-nos render o dobro do que recebemos. E tomas por base o comportamento do administrador infiel para impor-nos o dever de converter a riqueza pecaminosa em instrumento de salvação.

Trata-se de um dever, de um estrito dever de administração honesta.

É preciso multiplicar os teus dons, Senhor. Todos os teus dons, esses que nos cumulam sem que o percebamos e numa medida que não imaginamos. Deveríamos repassar amiúde e a fundo a lista dos teus benefícios.

Porque há em cada coisa uma lei secreta, que exige que a transformemos em algo melhor. Porque nos deixaste em germe todos os bens, para que os multiplicássemos com a tua graça. Porque existe um preceito de aperfeiçoamento universal, que é o caminho para nos assemelharmos a ti.

Ver-nos crescer. Ver como vamos esticando pouco a pouco, em todas as frentes; como negociamos os teus talentos, encaminhando tudo, absolutamente tudo, para ti, até à santidade: este é, Senhor, o teu sonho de Pai.

Enterrar um talento, seja qual for, e por pequeno que seja, é, além de um mau negócio, uma traição de filho mau.

Eu te peço esta noite, Senhor, um grande entusiasmo por render, por trabalhar, por procurar humilde e tenazmente a perfeição em todas as coisas, com a felicidade de quem acumula alegrias para seu Pai-Deus. Com a astúcia santa daquele que sabe orientar cada esforço para ti; daquele que integra a sua vida toda na suprema lei da santidade, que é o termo do crescimento no amor.

Aqui me tens, Senhor, com tudo o que puseste em mim de bom, e com todas as minhas façanhas de maldade. Ajuda-me a multiplicar a tua obra. A cultivar a minha inteligência, porque não serei perdoado se ficar aquém das minhas possibilidades; a orientar a minha sensibilidade para objetos dignos dela; a conservar o meu corpo em boa forma, para um melhor serviço do espírito; a aproveitar o meu tempo, porque nem um só minuto me foi dado para que fosse um minuto perdido.

Faz-me astuto para não deixar escapar nenhuma ocasião de praticar o bem, de levar os outros a participarem dos dons que não me deste só para mim. Porque todos os teus dons, Senhor, têm uma função social no teu Corpo Místico, e nos serão pedidas contas de como os difundimos. Porque Tu, Senhor, não passarás por alto nem uma nesga de terra erma nem uma messe por ceifar.

Oração para não desertar

Às vezes, Senhor, sob o pretexto de sermos mais espirituais, encerramo-nos na nossa torre de marfim, virando as costas às realidades terrenas.

Mais do que farisaísmo, parece tolice, má formação. Dedicamo-nos a procurar Deus à margem, por cima e apesar das situações concretas em que Tu, Senhor, quiseste que estivéssemos imersos.

A tua Igreja Santa, no seu ritual de bênçãos, devolve-nos à realidade, torna-nos humildes e enche-nos de esperança gozosa...

Acontece que a Igreja abençoa tudo aquilo que olhamos por cima do ombro, como um estorvo para o progresso espiritual. Abençoa o sal, a água, a casa, o leito nupcial, a fonte e o poço, o pão, as primícias das colheitas, as sementes, o gado, a cevada, o estábulo, os automóveis, os apetrechos para uma escalada... E, como se tivesse receio de que algum puritano considerasse alguma realidade fora do alcance da sua bênção, acrescenta a *benedictio ad omnia*, a bênção para todas as coisas.

A tua Igreja, Senhor, como Tu mesmo, não nos tira do mundo. Santifica-nos nele. Não nos convida a desertar das tarefas temporais. Aponta-nos uma vocação dentro dessas obras. Uma autêntica vocação para a santidade no meio do mundo. Uma verdadeira missão de redimir-nos e redimir o mundo conosco, a fim de que tudo seja salvo, e se complete a vitória de Cristo sobre todo o orbe resgatado, de acordo com o plano de Deus.

Esta é, Senhor, a nossa tarefa de leigos da Igreja: redimir o temporal e santificar-nos nele.

Faz-me tomar consciência, Senhor, de que existe da tua parte uma autêntica chamada para que nos empenhemos nas tarefas seculares.

O temporal é nosso. Pode ser um ídolo ou um instrumento de redenção.

Temos que infundir espírito naquilo que não tem espírito. Temos que refazer o mundo segundo a medida dos filhos de Deus. Em qualquer atividade humana, o homem pode salvar-se ou condenar-se.

É preciso criar condições ótimas de desenvolvimento humano e cristão. É preciso saturar tudo o que é humano de graça santificante. É preciso realizar uma presença de Cristo em todas as coisas.

E este rosto de Cristo na fábrica, no escritório, na escola, no lar, em cada parcela de atividade temporal, será fruto da ação dos leigos.

Temos que ser fiéis à natureza e à graça. Fiéis à natureza: amar o progresso e lutar por dominar a técnica. A nossa vocação cristã não anula nem diminui a nossa responsabilidade como homens. Pelo contrário, fortalece-a e dá-lhe novos motivos de aperfeiçoamento. A incompetência profissional é um obstáculo ao progresso humano e ao progresso espiritual.

Fiéis à graça: é preciso embeber em amor todo o trabalho humano. Um torneiro cristão não tem o direito, como tal, de fabricar uma peça de pior qualidade que a de um que não o seja. Mas o seu torno e a sua peça estarão impregnados de amor a Deus e ao próximo. Uma bordadeira filha de Deus fará lavores primorosos banhados em oração. Um empresário católico saberá criar as condições ótimas de convivência segundo a doutrina da Igreja. Tudo trará o sinal da Cruz, que é doação, caridade e unidade.

E Cristo voltará a escalar os cumes das atividades humanas — aos ombros dos que Lhe tenham sido fiéis.

Oração para ser sensato

Voltei a ler, Senhor, a passagem do teu evangelista Lucas que nos refere a cena do fariseu e do publicano que oram no Templo (Lc 18, 9-14).

Era demasiado importante o que pretendias com ela, para que não fosse singelamente luminosa.

Encanta-me, Senhor, a maneira como pintas os dois homens: posto em pé, o fariseu, hirto, com o coração mais empertigado que o corpo, adorando-se a si mesmo no desprezo dos outros. "Ó Deus! Dou-te graças porque não sou como os demais homens..."

É terrível, Senhor, não ter fé na miséria própria. Viver sem esta convicção íntima de maldade, uma convicção que nos dobre até à terra e faça estalar o coração mendigando misericórdia.

Para nós, pecadores, o amor só pode renascer do perdão. É impossível amar sem partir da consciência de que somos culpados.

Tu derrubas, Senhor, tudo o que é vertical, toda a segurança desmedida. Só te comove um coração contrito. Desfeito em frangalhos de dor de amor. Um coração que não se tenha em pé, estraçalhado pela convicção da sua própria miséria.

Que menos se pode pedir a um sem-vergonha convertido do que o sentimento de uma profunda vergonha? Isto te peço esta noite, Senhor:

a convicção da minha própria miséria. Dá-me um olhar de publicano arrependido, que *não ousava levantar os olhos*. Que não tinha tempo nem forças para julgar ninguém nem julgar-se melhor do que os outros. Que batia no peito porque sabia que, diante de ti, não temos outro direito que o de ser pisados.

Faz-me humilde, Senhor, porque a humildade é luz, é conhecimento, verdade, sensatez. Porque, pode haver coisa mais insensata para mim do que vestir uma máscara de bondade e atribuir-me uns dons que só tenho por empréstimo?

Todo o bem é teu e é participação na tua bondade e perfeição incriadas. Qualquer bem é inseparável de ti como um raio de sol do próprio sol.

O meu amor-próprio, Senhor, é a minha maior insensatez, porque é a minha maior falsidade.

Bem vês que um orgulho secreto me corrói.

Facilmente acuso e facilmente me desculpo.

Falo sempre de mim mesmo e perdi o hábito de escutar.

Aferro-me ao meu critério com uma segurança quase ridícula.

Oponho mil dificuldades a uma obediência alegre.

Reajo com violência quando ferem a minha suscetibilidade.

Sinto-me imprescindível.

Comprazo-me na lisonja e na preferência.

Não sei passar inadvertido.

Julgo-me melhor do que os outros.

E Tu, Senhor, só "justificas" aquele que não se tem por justo, e só enches da tua Caridade aquele que se sabe réu de a ter desperdiçado.

O *miserere* do arrependimento é o prelúdio do *Te Deum do Amor*.

Oração para ser agradecido

Perdoa-me, Senhor, porque sou um mal-educado.

Porque não sei dizer-te, uma e mil vezes, em cada dia, aquela palavra que ensinamos aos nossos filhos nos seus primeiros balbucios, e que é a expressão mais elementar das regras de urbanidade: Obrigado!

Um dia Tu curaste dez leprosos de uma vez... e te queixaste de que somente um — um estrangeiro, pois era samaritano (Lc 11, 16) — voltou e te mostrou o seu agradecimento.

Comportamo-nos contigo como se não te devêssemos nada. Chamamos-te como se chama o encanador: quando aparece um vazamento. Como aqueles recrutas que não sabem escrever aos seus pais a não ser para lhes pedir dinheiro.

Perdoa-nos, Senhor, porque somos uns malcriados.

Porque a cada passo nos fartamos de dizer "obrigado" aos homens, e esquecemos que também Tu te encantas com a gratidão.

A gratidão que é a companheira do amor. Que traz consigo, nas suas entranhas, uma raiz de adoração, de reconhecimento da condição daquele que dá e daquele que recebe.

Tu nos levas, Senhor, na palma da tua mão, e cada segundo que passa é um mimo que nos fazes.

Ensina-nos, Senhor, a ser simplesmente educados. A ser corretos contigo como exigimos que o sejam conosco. Porque damos graças, muitas graças, muitíssimas graças ao cavalheiro que nos acende o cigarro, e nos esquecemos de as dar a ti, que nos envolves a cada instante, mesmo sem o percebermos, na rede da tua imensa ternura divina.

Ensina-me, Senhor, a dizer-te "obrigado" em cada esquina entre a alegria e o assombro por tanta predileção...

Obrigado porque esta manhã ouvi o despertador.

Obrigado pela sopa quente, pelos sapatos remendados e pelo abrigo de lã.

Obrigado pelo vento e pela chuva. Pela neve e pelo sol.

Obrigado pelo sorriso das crianças e pelo canto dos pássaros.

Obrigado pelos meus amigos. Pelo livro que estou lendo.

Obrigado pela dor de dentes. Por aquele fracasso de ontem.

Obrigado pelo teu Corpo e pelo teu Sangue.

Obrigado pelos teus sacerdotes, pela Igreja, pela Comunhão dos Santos.

Obrigado pela tua Mãe e minha Mãe, a Virgem, cujo dom esgota toda a medida da gratidão.

Obrigado pela vida e obrigado pela morte.

Obrigado pela Graça, que é semente de vida eterna.

Obrigado... por esta ação de graças. Só te peço, Senhor, que eu saiba desfiar todos os dias este rosário interminável de gratidão, que é o caminho por onde passa o amor.

Oração para olhar para dentro

No teu Evangelho, Senhor, Tu nos dizes coisas fantásticas. Falas de realidades inauditas que, no entanto, quase não nos causam impacto por causa da nossa pequenez: somos como uma formiga que escapa de uma avalanche.

Vou reler-te, Senhor, estas frases impressionantes que não acabam de fazer mossa na nossa estupidez. Torna porosa a minha alma, Senhor, para que possa nutrir-me das maravilhas que nos ofereces.

Se alguém me ama, guardará a minha palavra, e meu Pai o amará, e viremos a ele e nele faremos a nossa morada (Jo 14, 23).

O teu Apóstolo João tinha-se apercebido da grande notícia, quando dizia de ti: *Deus é caridade, e aquele que vive em caridade permanece em Deus e Deus nele* (1 Jo 4, 16). E Paulo, o convertido, afadiga-se em deixar bem assente a tua revelação sensacional: *Não sabeis que sois templo de Deus, e que o Espírito de Deus habita em vós?* (1 Cor 3, 16-17).

Deus em mim. Deus que me encharca. O meu corpo, o meu pobre corpo cingindo a Trindade. Mansão do Pai, do Filho e do Espírito Santo. Como um amigo em casa do amigo. Uma presença viva e vivificante. O mistério da vida divina participado na minha alma. O ato eterno do Pai que gera o Filho, e o Espírito Santo que procede do amor entre os dois — dentro de mim.

Uma vida divina comunicada, um influxo vital, pessoal, de Deus no meu interior. Um enxerto de vida trinitária, com a ambição de crescer, de se desenvolver totalmente, até à santidade, que é aceitação plena da vida divina dentro de mim. Uma permanência amorosa divinizante, que entabula um diálogo de amor.

Simplesmente esmagador, vertiginoso, sobre-humano.

Estou no miolo do cristianismo, que se ilumina a partir desta realidade.

Nunca sozinho, Senhor. O centro do mundo está no meu interior. O meu verdadeiro mundo, trago-o dentro de mim.

Agora compreendo o sentido positivo da minha vida cristã. Vida de filho de Deus que caminha para a posse total e imperdível desta presença divina semeada na minha alma pelo batismo.

Agora se ilumina o pecado que expulsa a Trindade. O pecado: anti-vida, ausência de Amor, solidão infinita.

E ilumina-se também, Senhor, a minha tarefa humana. Tudo é transcendente. Tudo deve estar informado por esta presença divina. Tudo deve partir dela e conduzir a ela.

Presença de Deus. Atenção ao Deus presente... Ensina-me, Senhor, a olhar para dentro. A tornar mais consciente e mais atual a tua companhia divina. Ensina-me a não entristecer o Espírito Santo que mora em mim.

A semear as minhas horas de jaculatórias que marquem o ritmo do meu
diálogo contigo.

Oração para estar disponível

O desconcerto da Samaritana agitou os habitantes de Sicar. Tu, Senhor, continuavas sentado no bocal do poço de Jacó, aproveitando a tua fadiga para fazer apostolado.

Mestre, come!, instavam os teus discípulos.

Eu tenho, para alimentar-me, um manjar que vós não conheceis...

O meu alimento é fazer a vontade daquele que me enviou e dar cumprimento à sua obra (Jo 4, 31-34).

Alimento. Comida... Vontade de Deus...

Acuso-me, Senhor, de ter a alma desnutrida.

Como um doente que não tolera certos pratos, custa-me, Senhor, digerir a tua Vontade. Não assimilo aquilo que me ofereces. Estás cansado dos meus trejeitos de inapetência.

O meu drama é não aceitar-te, Senhor.

Há dores que Tu queres para mim.

Males que Tu permites.

Preceitos que ordenas.

Proibições que apontas.

Conselhos que sublinhas.

Há um caminho esculpido em pedra pela tua Providência transida de amor.

Para cada um dos teus filhos, traçaste um programa em que todas as coisas contribuem para o bem dos que te amam.

Um plano estupendo que vais descobrindo dia a dia, minuto a minuto, àqueles que se fiam de ti. Basta aceitá-lo para edificar maravilhas...

Aceitar-te. Submeter-me com uma submissão inteira, amorosa, entranhada.

Tender, verdadeiramente encantado, com merecido encanto, para esta concórdia — que é conformidade de corações — com a tua Vontade formidável.

No fundo, Senhor, não nos ensinaste senão isto. Ao entrares no mundo, disseste: *Eis que venho, ó Deus, para fazer a tua vontade* (Hb 10, 5-7).

Como uma mãe que convida a tomar alimento, plantas-me os teus caminhos à flor dos meus olhos... E eu só consigo desviá-los...

Se eu fosse humilde, Senhor, se fosse confiante, quanta robustez de alma obteria desta aceitação!

Passo o tempo suspirando por situações que não existem...

Não preciso mais do que deixar-te agir e cooperar contigo para ter paz.

Ensina-me, Senhor, a dizer-te sempre que sim, simplesmente, plenamente, com um abandono filial que me torne sempre disponível, alegremente disponível, para fazer carne da minha carne esta tua Vontade, eternamente pensada para mim, oferecida em cada esquina como uma dádiva de Pai enamorado.

Direção geral
Renata Ferlin Sugai

Direção de aquisição
Hugo Langone

Produção editorial
Juliana Amato
Gabriela Haeitmann
Ronaldo Vasconcelos
Roberto Martins

Capa
Gabriela Haeitmann

Diagramação
Sérgio Ramalho

ESTE LIVRO ACABOU DE SE IMPRIMIR
A 21 DE JUNHO DE 2024,
EM PAPEL OFFSET 75 g/m².